www.kidkiddos.com
Copyright ©2019 by KidKiddos Books Ltd.
support@kidkiddos.com

All rights reserved. No part of this book may be reproduced in any form or by any electronic or mechanical means, including information storage and retrieval systems, without written permission from the publisher, except in the case of a reviewer, who may quote brief passages embodied in critical articles or in a review.
First edition, 2020

Превод от английски – Адриана Нешева
Translated from English by Adriana Nesheva
Редакция на български език – Надежда Станулова
Bulgarian editing by Nadezhda Stanulova

Library and Archives Canada Cataloguing in Publication
Being a Superhero (Bulgarian English Bilingual Edition)/ Liz Shmuilov
ISBN: 978-1-5259-2251-0 paperback
ISBN: 978-1-5259-2252-7 hardcover
ISBN: 978-1-5259-2250-3 eBook

Please note that the Bulgarian and English versions of the story have been written to be as close as possible. However, in some cases they differ in order to accommodate nuances and fluidity of each language.

-*Здравейте, приятели! Името ми е Мая. Аз съм гущер. Искам да ви разкажа историята за моя най-добър приятел Рон жабока, който стана супергерой.*

Hi friends! My name is Maya. I am a lizard. I want to tell you a story about my best friend Ron the frog, who became a superhero.

Един летен ден бях в къщата на Рон и гледахме любимата ни програма за супергерои.

One summer day, I was at Ron's house watching our favorite superhero show.

-Знаеш ли, - каза Рон внезапно - би било много забавно да съм супергерой. Така ще можем да помагаме на другите!
"You know," Ron said suddenly, "it would be cool to be a superhero. Then we would be able to help others!"

- Страхотна идея! - отвърнах аз, докато милиони мисли се въртяха в главата ми. - Аз мога да съм ти треньор и да те науча на всички неща, които един супергерой трябва да знае!
"That's a great idea!" I replied, millions of thoughts racing through my mind. "I could be your coach and teach you all the things a superhero needs to know!"

Когато чу това, по лицето на Рон се изписа надежда.
As he heard this, a look of hope appeared on Ron's face.

-Но всеки супергерой се нуждае от свръхсила. - тихо каза той.
"But every superhero needs a superpower," he said quietly.

Аз се замислих за момент. -Твоята свръхсила може да са уменията ти в дълъг скок! О-о, а също така и лепкавите ти ръце!
I thought for a moment. "Your superpower can be your talent in long jumps! Oh, and your sticky hands!"

-Да! - Рон скочи оживено.
"Yes!" Ron jumped with excitement.

-Сега се нуждаем от костюм. Нещо, което всеки ще разпознава. - казах аз.
"Now we need a costume. Something everyone will recognize," I said.

Рон изтича до стаята си и донесе червена риза.
-Можем да нарисуваме голяма звезда на тази риза!
Ron ran to his room and brought out a red shirt. "We can color a big star on this shirt!"

-Страхотна идея! - усмихнах се аз.
-Какво ще кажеш за наметало?
"Great idea!" I smiled. "How about a cape?"

-Можем да използваме любимото ми одеяло! - възкликна Рон. Очите му заблестяха.
"We can use my favorite blanket!" exclaimed Ron. His eyes sparkled.

Веднага се заловихме за работа да рисуваме и боядисваме по ризата на Рон.
We got straight to work, drawing and painting on Ron's shirt.

- Изглежда невероятно! Ще приличаш на истински супергерой! - казах аз, когато свършихме.
"It looks amazing! You will look like a real superhero!" I said when we finished.

На другата сутрин се срещнахме в парка и започнахме да се упражняваме.
The next morning, we met at the park and started practicing.

- Днес ще те науча на няколко важни неща, които всеки супергерой трябва да знае: Трите Правила на Супергероя.
"Today, I will teach you a few important things every superhero needs to know: The Three Superhero Rules."

Седнахме на пейката и аз обясних правилата на Рон.
We sat down on the bench and I explained the rules to Ron.

Правило номер едно: никога не се предавай, без значение колко трудна изглежда ситуацията.
"Rule number one: never give up, no matter how difficult the situation gets."

„Правило номер две: учи се от грешките си, за да се справиш по-добре следващия път."
"Rule number two: learn from your mistakes, so that you can do better next time."

„Правило номер три: винаги помни, че можеш да направиш всичко."
"Rule number three: always remember that you can do anything!"

Поработихме над запаметяването им и се отправихме към вкъщи.
We worked on memorizing the rules and then headed back to my house.

Когато се прибрахме вкъщи, срещнахме малкия ми брат Дани. Той изглеждаше разстроен.

When we got home, we met my little brother Danny. He looked upset.

- Не мога да намеря любимата си играчка! - изплака той.

"I can't find my favorite toy!" he cried loudly.

Погледнах Рон и прошепнах: „Това звучи като мисия за супергерой!"

I glanced at Ron and whispered, "This seems like a mission for a Superhero!"

Рон се усмихна и кимна. - Как изглежда играчката? - попита той.

Ron smiled and nodded. "What does the toy look like?" he asked.

- Това е плюшената ми играчка, лъвът, от телевизионното предаване за супергерои.
- обясни Дани. - Голяма и мека е.

"It's my stuffed toy, the lion, from the superhero TV show," explained Danny. "It's big and soft."

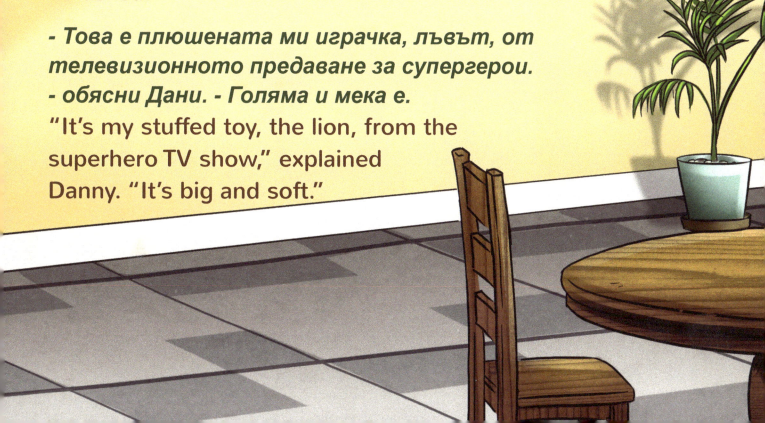

- Не се тревожи. Ще я намерим. - увери го Рон и започнахме първата си мисия.

"Don't worry. We will find it," Ron assured him, and we began our first mission.

Огледахме навсякъде - в гардероби, зад шкафове, зад маси и под столове. Играчката я нямаше никъде.
We looked everywhere—in closets, beside cupboards, behind tables and under chairs. The toy was nowhere to be found.

- Вие двамата трябва да проверите в задния двор, а аз ще продължа да търся тук. - предложи Рон.
"You two should go look in the backyard, and I'll keep searching here," Ron suggested.

В момента, в който аз и Дани излязохме, чухме гласа на Рон. -Намерих го! Намерих го!
Just as Danny and I stepped outside, we heard Ron's voice. "I found it! I found it!"

Изтичахме при него и погледнахме малкия обект в ръката му.
We ran to him and looked down at the small object in his hand.

- Това не е лъвът, за когото говорих! - намръщи се Дани.
- Моята играчка е голяма и мека, а тази е малка и дървена.
"That's not the lion I was talking about," Danny frowned. "My toy is big and soft, but this one is small and wooden."

Лицето на Рон помръкна първоначално, но изразът на решителност бързо измести разочарованието.
Ron's face fell at first, but a look of determination quickly replaced the disappointment.

-Не се тревожи!- каза той. -Правило номер едно: Никога не се предавай!
"No worries," he said. "Superhero rule number one: Never give up!"

-Правило номер две - добавих аз - учи се от грешките си. Търсим голяма, мека плюшена играчка.

"Rule number two," I added, "Learn from your mistakes. We are looking for a big, soft, stuffed toy."

-Мека и голяма. Ясно! - отговори Рон.
"Soft and big. Got it!" Ron replied.

-И правило номер три. - казах аз. -Кой може да направи всичко?
"And rule number three," I said. "Who can do anything?"

-Аз съм Супергерой и мога да направя всичко! - изкреща Рон въодушевено.
"I'm a Superhero and I can do anything!" yelled Ron enthusiastically.

-Трябва да мислим като супергерои.
- продължи той.
"We have to think like superheroes," he continued.

-Ако играчката не е в къщата, значи е някъде навън. Няма как да излети! Рон се изсмя и погледна в небето, но изведнъж замръзна.
"If the toy is not in the house, it must be somewhere outside. It's not like it can fly away!" Ron giggled and looked up to the sky, but suddenly froze.

-Какво гледаш? - учудих се аз и също погледнах нагоре.
"What are you staring at?" I wondered, looking up also.

Рон посочи върха на нашето голямо ябълково дърво.
Ron pointed to the top of our big apple tree.

-Това да не е ...?- започнах да заеквам аз.
"Is that...?" I began to mumble.

-Играчката ми! Ти я намери, Рон! - възкликна Дани.
"My toy! You found it, Ron!" Danny exclaimed.

-Но как ще я свалим от дървото? - добави тихо той.
"But how will we get it from the tree?" he added quietly.

-Рон може лесно да я вземе. - казах аз. -Може да използва силите си - лепкавите ръце и дългите подскоци.
"Ron can get it easily," I said. "He can use his powers—his sticky hands and super long jumps."

Рон пое дълбоко дъх и започна да изкачва дървото, скачайки от клон на клон.
Ron took a deep breath and began climbing the tree, jumping from branch to branch.

Той стигна играчката и много бързо слезе и я връчи на брат ми.
He reached the toy and very soon, got down and handed it to my brother.

-Ти си моят герой! - засмя се Дани и пегърна Рон.
"You're my hero!" Danny laughed and gave Ron a big hug.

-Всъщност Мая е истинският герой. - поправи го Рон.
-Тя ме научи на всичко, което знам!

"Actually, Maya is the real hero," Ron corrected him. "She taught me everything I know!"

Този ден научихме, че дори да не сме супергероите от филмите, ние сме умни и силни, и може да направим всичко, което поискаме!

That day we learned that even if we're not the superheroes from the movies, we're smart and strong and can do anything we want!

И помни, ти също си Супергерой!

And remember, you are a Superhero too!